*Parece que siempre estoy buscando
una forma de decirte
qué persona tan maravillosa tú eres.*

*Pensé que quizás
este libro me ayudaría
a trasmitir unos pensamientos
que me encantaría compartir contigo...*

Las ediciones en español
publicadas por

# Blue Mountain Arts®

A mi hija, con amor,
sobre las cosas importantes de la vida
por Susan Polis Schutz


Antologías:

Aguántate
...a veces, la vida puede ser dura pero
todo saldrá bien

El amor entre madre e hija
es para siempre

El lazo que vincula a madre e hijo
es para siempre

En tu alma hay nobleza, hijo mío

Estos son los dones
que quisiera darte—

Para mi maravillosa madre

Piensa pensamientos positivos cada día

Si Dios está a tu lado
...no estarás jamás a solas

Te quiero, Mamá

Una hija es el mejor regalo
que nos dio la vida

# Para ti, solo porque
# tú eres
# muy especial
## para mí

**Para aquella persona que**
**merece saber**
**cuán maravillosa es**

## Douglas Pagels

**Artes Monte Azul**™
Blue Mountain Arts, Inc., Boulder, Colorado

Número de tarjeta de catálogo de la Biblioteca del Congreso: 2004099113
ISBN: 978-0-88396-901-1

Algunas marcas comerciales son usadas por licencia.

Hecho en los Estados Unidos de América.
Tercero impresión en español: 2009

 Este libro se imprimió en papel reciclado.

Este libro está impreso en papel vergé de alta calidad, de 65 lbs, estampado en seco. Este papel ha sido producido especialmente para estar libre de ácido (pH neutral) y no contiene madera triturada ni pulpa no blanqueada. Cumple todos los requisitos de American National Standards Institute, Inc., lo que garantiza que este libro es duradero y podrá ser disfrutado por generaciones futuras.

Blue Mountain Arts, Inc.
P.O. Box 4549, Boulder, Colorado 80306, EE.UU.

# Índice

Espero que este libro
traiga una sonrisa a tus labios...

Que te recuerde
cuánto pienso en ti.
Que te diga
   lo mucho que te admiro.
Que sea un momento
   especial de tu día.

Y espero que
   — al verlo en los días
      por venir —
recuerdes que te di
   este libro

      solamente porque...
   eres muy especial para mí.

# 24 cosas para recordar siempre... y una que no se debe olvidar

Tu presencia es un regalo para el mundo.
No hay otra persona como tú.
Tu vida será lo que tú quieras
al dedicarte, alegre, al quehacer diario.

Piensa en tus muchos dones, no en tus penas.
Recuerda que eres fuerte y que vencerás.
Encontrarás respuestas a todas tus preguntas,
sabiduría y valor dentro de ti.

No te limites a sabiendas
pues tantos sueños esperan ser cumplidos.
No dejes que el azar decida por ti.
Mira hacia la cumbre,
tu meta y recompensa...

Inquietarse es perder el tiempo.
Cuánto más se piensa en un problema
   más arduo se torna.
No tomes todo tan en serio.
Vive tranquilo, sin remordimientos.

Acuérdate que el amor repara todo.
Acuérdate que algunas cosas son eternas
y que la amistad te da consuelo.
Tu riqueza está en los que te rodean.

Comprende que nunca es demasiado tarde.
Convierte la rutina en hazañas.
Conserva tu salud, felicidad y esperanza.
Detente para contemplar el cielo.

Y no te olvides nunca...
   ni siquiera un día... que eres un ser único.

Aquellos afortunados que están junto a ti tienen la bendición de todo lo bueno que traes a sus vidas. Es *un privilegio tan grande* conocer a una persona que tantas sonrisas brinda a cada día.

# ¿Sabes
# cuán importante eres
# para mí?

Sé que algunas veces
te preguntas lo
qué tú significas para mí.
Voy a compartir este pensamiento
contigo y decirte que
tú significas todo en el mundo
para mí.

Piensa en algo sin lo cual no podrías vivir
...luego, multiplícalo por cien.
Piensa en lo que significa la felicidad para ti
...suma a eso las sensaciones que
experimentaste en los mejores días
que hayas vivido.

Suma todos tus maravillosos sentimientos
y descarta el resto
...lo que te sobra es
exactamente lo que yo siento por ti.

Tú eres más importante para mí de lo
que te puedes imaginar y mucho más aún
de lo que yo podría explicar.

## El libro que tienes
## en tus manos...

El libro que tienes en tus manos
es un libro muy especial.
No sólo porque viene de mí...
   sino porque dice algo
que quiero que sepas hoy
   y que deseo
      que recuerdes
         por siempre.

Con las palabras de estas paginas,
quiero decirte que para mí
eres increíblemente especial...

Eres parte tan importante de
mis días — y tan esencial
   para la sonrisa que llevo dentro.
Ese espacio donde nuestras vidas
se juntan es el sitio que me ofrece
la mayor comprensión,
   la mayor paz,
los recuerdos más gratos y la alegría
   que llena constantemente mi corazón.

Cuando lo tengas en tus manos,
quiero que pienses en mí,
   sonriéndote dulcemente
y agradeciéndote...
   todo lo que eres... para mí.

Entre los cientos
de deseos
que auguro para ti...

Quiero que tengas
la comprensión
de lo bueno que es para mí

...tenerte
junto a mí.

## Un pensamiento para recordar

En verdad, muy grande sería mi dicha
si tú no olvidaras jamás
— ni siquiera por un solo día —
que eres una persona maravillosa...
    ante mis ojos y en mi corazón.

Tantas veces me faltan las palabras
para decirte todo lo que tú significas para mí.
En mi imaginación te comparo con
los rayos de sol de la mañana,
las flores más bellas en el campo y
la dicha profunda que ciertos días me deparan.

Es como si fueras la respuesta a una súplica
especial.
    Y creo que Dios sabía
        que mi mundo precisaba
            a una persona como tú.

# Alguien siempre estará agradecido por tu existencia

Alguien siempre estará agradecido por
tu existencia.

Alguien siempre estará emocionado
al verte sonreír,
al sentir la alegría de tu corazón.
Alguien desea estar contigo
para cuidarte y atesorar
cada momento que pasa a tu lado...

Alguien siempre pensará en ti
con emoción
y siempre estará agradecido
de verte disfrutando de la vida.

Alguien tendrá siempre la certeza
que vivir cerca de ti trae felicidad
y que el mañana le promete alegrías
que sólo tu presencia le regala.
Alguien siempre tratará de encontrar palabras
para darte las gracias por llenar su vida,
por hacer sus sueños realidad y regalarle
los recuerdos más gratos.

Alguien siempre estará agradecido por
tu existencia

...Y ese alguien
por siempre seré yo.

Tu nombre
por siempre permanecerá
en mi corazón

Lo pronunciaré
y lo compartiré
en los rezos más dulces...

y tú permanecerás
    conmigo
        por siempre.

# Una nota pequeña con mucho amor

A veces
todos necesitamos recordar
cuánto somos amados.

Si tú también
sientes así a veces,
quisiera que recuerdes...

Mis pensamientos van hacia ti
y tu felicidad me es tan preciosa
que ni podría
encontrar palabras
para decírtelo.

Estoy agradecida por ti, y doy
gracias por los años que me han
brindado tantas razones para dar
las gracias.

# Yo tanto te aprecio

Te aprecio más
   de lo que puedo expresar.
Y ese cariño y ese sentimiento
significan algo que es más precioso
de lo que puedo explicar.

Pero quiero decirte esto...

Decir "te aprecio" significa que siempre
   haré todo lo posible para comprender...

Significa que puedes confiar en mí.
Significa que puedes contarme
   tus problemas.
Significa que trataré de ayudarte en lo que pueda,
   que escucharé
   cuando necesites que te escuche, y que
— incluso en tus momentos más difíciles —
   todo lo que tienes que hacer es decírmelo,
      y tus manos y las mías
         estarán unidas.

Significa que cuando me hables,
ya sea con palabras dichas
   en una sonrisa o en una lágrima...
      escucharé con todo mi corazón.

No cambiaría por nada los días
que pasé contigo.

Aunque tal vez... una sola cosa.

Un millón más como ésos.

Eres una persona en verdad especial.

Si apenas fueras una persona
maravillosa por la mitad
    de lo que eres...

    Igual serías
    una persona dos veces más grata
    que todas las que conozco.

# Nuestro rezo especial

Estos son nuestros deseos, nuestros sueños:
Que por siempre estemos más que
    juntas; que nada quiebre
    el lazo que compartimos.
Que yo siempre esté junto a ti,
    y tú estés junto a mí.
Que nos escuchemos con amor.
Que compartamos las verdades y
    la ternura.
Que tengamos confianza y que sepamos hablar.
Que sepamos comprender.

Que dondequiera que vayas, estés en
    mi corazón,
y tu mano por siempre
    en la mía.

## Si supiera escribir un poema

Si supiera escribir un poema,
lo empezaría diciéndote
    lo mucho que atesoro
        todo lo bello que hay en ti.

Te diría que los sentimientos que
tú en mí despiertas son algunos de
los dones más especiales que ofrece la vida...
    y que en esta vida que vivimos,
        tú... te destacas en un millón.

Y antes de llegar al
    fin de mi poema...
encontraría la manera
de decirte que tal vez haya
muchos que contribuyen a
    iluminar este mundo...

pero ninguno con luz tan intensa como la tuya.

# Si alguien me preguntara...

...cuáles son los secretos de la dicha y de
la gratitud y la serenidad, yo sé con
   precisión qué les diría.

Les diría que intenten
albergar en su vida
a una persona
tan preciosa,
   tan especial,
      y tan maravillosa...

            como tú.

Me descubro
pensando en ti
buena parte de mi tiempo...

Pienso cuánta es mi suerte
porque tú formas una
parte de mis días;
cuán buena persona tú eres;
todo lo que haces por mí,
cosas muy obvias
y todas las pequeñeces
que tal vez ni sepas
que estás haciendo...
y todas aquellas cosas
que contribuyen a hacer mi vida
más amena que nunca.

Si no fuera por ti,
no sentiría ni la mitad de la dicha
que tengo en mi corazón.
No sé cuál es la magia
que hace que haya personas
tan maravillosas como tú...
pero estoy feliz de que exista.

Hacen falta ciertos talentos
para ser especial.

Hacen falta condiciones de
verdadera maravilla; la capacidad de
iluminar este pequeño rincón del mundo
con sentimientos de amistad y de amor
y de comprensión. Hace falta una
personalidad realmente singular y el don
de hacer que la vida sea más feliz
y llena de recompensas...

Hace falta saber usar el tiempo.
Hace falta ser capaces de abrir
el corazón y compartir los sentimientos
más íntimos con otra persona. Hace falta
saber cómo convertir la senda de la vida
en un trayecto más fácil y más hermoso. Hace
falta una rara combinación de muchos talentos,
entrelazados con la vida de otra persona.

Hacen falta ciertos talentos
para ser especial.

Hacen falta precisamente
...los talentos que tienes tú.

¡Es tanto lo que se te aprecia! Tu dulzura,
el generoso don de tu tiempo, esa forma
tuya de inspirar una calidez que resplandece
en todo lo que haces... todos estos elementos
se combinan para marcar *una gran diferencia*.
Día tras día tú eres una de aquellas personas
especiales que ayudan a convertir este páramo
en un mundo mejor.

# No sé qué
# haría yo sin ti

A ti:

Por mantener mi entusiasmo.
Por no desilusionarme jamás.
Por estar a mi lado.
Por saber que yo estoy a tu lado.

Por inspirar en mí tantas sonrisas.
Por ser sensible a mis necesidades.
Por saber exactamente qué decir.
Por saber escuchar mejor que nadie.

Por brindarme la risa.
Por brindarme la luz.
Por comprenderme tan bien.
Por confiarme tu intimidad.

Por ser la mejor persona.
Por ser una persona tan bella.

No sé qué haría yo
...sin ti.

# Si el mundo pudiera darme tan solo una persona especial

Desearía que esa persona fuera
alguien con quien compartir
una comprensión auténtica;
alguien con quien yo pudiera
comunicarme abierta y honestamente;
alguien cuyos talentos yo admirara;
alguien cuyos intereses y puntos de
vista se entrelazaran con los míos...

Desearía que esa persona especial
trajera a mi corazón el don de la risa
y no temiese llorar sobre mi hombro.
Desearía que esa persona fuera un motivo de mis
sonrisas a través de las estaciones de mi vida.
Desearía que esa persona fuera la dicha
en mis mejores recuerdos, y la sensación
grata, de que el mañana será dichoso también.

Si el mundo pudiera darme
tan solo una persona especial...

desearía que esa persona fueras tú.

Te deseo felicidad todos y cada uno de tus días,
a cambio de la dicha que tú brindas a la vida.

Ni sé cómo empezar a agradecerte por todo;
mis palabras sencillas no te hacen justicia.

Pero mi corazón conoce mis sentimientos,
    y ahora... quizás tú también.

Las personas como tú
son pocas y difíciles de encontrar.
Tú eres esa clase de
   persona especial
      que al mundo tanta falta le hace...

Las personas como tú
lo hacen todo más grato;
tienes la maravillosa habilidad
de convertir felicidad en alegría
y pesares en comprensión.

Se te aprecia más allá de las palabras,
   porque las personas como tú
      significan el mundo entero...
      a las personas como yo.

# Un pequeño pensamiento
## para que lo guardes junto a ti

Si bien no siempre puedo estar
junto a ti, estas palabras sí pueden.
Espero pues que guardes esto
en un lugar especial y,
de tanto en tanto,
pienses en mí.

Quiero que lo guardes bien y que
lo recuerdes cuando te sientas
de maravilla,
de modo que te recuerde que así
es precisamente como me haces tú sentir...

Quiero que lo guardes bien para
aquellos días en que las cosas
tal vez no anduvieron tan bien,
y las nubes oscurecen por más tiempo
el panorama de tu día.
Y quizás te ayude a alegrarte el corazón.

Cuando regreses a tu hogar en los días venideros
    y veas este libro
sobre la mesa o en el estante,
recuerda que yo estoy aquí,
    sonriendo al pensar
        en muchas cosas maravillosas
        de tu persona.

Es tan grato saber... que estas palabras
puedan estar junto a ti... y este libro te
pueda ayudar a recordar, cada vez que lo
veas en todos los días por venir...

que no hay nadie
más especial que tú
para mí.

Nuestros corazones y nuestras almas estarán por siempre juntas.

Grandes distancias y prolongados espacios de tiempo podrían separarnos. Y sin embargo al volvernos a encontrar, reanudaríamos nuestro diálogo como si jamás nos hubiéramos separado. Otros acaso se pregunten... ¿cómo es eso, y cómo puede ser? La respuesta es que...
en verdad no estaremos jamás separados.

Saberlo consuela mi corazón.

Pase lo que pase — yo siempre te tendré a ti,
tú siempre me tendrás a mí, y estaremos
juntos por
*siempre jamás.*

## Por todo lo que tú eres para mí

Tenerte en mi vida es como un sueño hecho realidad.

Eres una bendición y un milagro. Eres como una brújula. Eres un recordatorio de todo lo que es bueno. Tú y yo estamos en la misma onda; tú siempre me comprendes. Tú no te limitas a oír; sabes escuchar. Limas las asperezas y tiendes una mano. Gustas de mí... tal como soy. Me haces sentir que – contigo – puedo ser como soy. Contigo sé que jamás tendré que ocultarme. Puedo ser exactamente la persona que soy dentro mío...

Tú sabes lo que yo siento. Sabes ver dentro de mi alma. Conoces lo importante y las pequeñeces. Todos mis altibajos. Mis sueños más especiales. Sabes dónde está mi talón de Aquiles, pero ese es un secreto entre tú y yo. Sabes qué produce dolor y qué es bálsamo, y sabes salvarme. Cuando las cosas no andan bien, me echas una soga para que no me hunda.

Es tanto lo que tú y yo compartimos: Nuestras limitaciones. Nuestras esperanzas más encumbradas. Nuestros pensamientos más profundos. Nuestras bromas más tontas. Tú eres la honestidad misma y contigo deseo estar cuando la soledad me apesadumbra.

Estar contigo... significa en verdad estar en casa.

## Las personas especiales
## como tú

...son por siempre consideradas con
esperanza y dicha y
y gratitud sin fin...

por las personas increíblemente
   agradecidas
      como yo.

Son miles las cosas
que quisiera representar para ti...
pero una de las más importantes
es sólo ser
  ese alguien
    con quien puedes hablar.

Son tantas las cosas
  que me gustaría
    hacer por ti...
y tantas las cosas que me gustaría
decir, dar y compartir.

Pero hoy
  sólo quiero que sepas
que te prometí:

Siempre estaré allí,
  y siempre te querré.

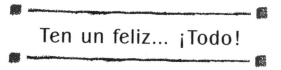

# Ten un feliz... ¡Todo!

Que por siempre sepas
   cuánto se te aprecia.
Que jamás olvides qué bendición
   eres tú en un mundo que necesita
   de otras personas como tú.
Que coseches las recompensas de tu bondad.
Que los rayos del sol por siempre te iluminen...

Que el amor camine a tu lado.

Que la amistad cante en tu sonrisa.

Que la oportunidad te golpee a la
    puerta y te sorprenda de tanto en tanto.

Que tus recuerdos sean aquellos que
    por nada cambiarías.

Que tus esperanzas y tus sueños
    sepan tornarse realidad.

Que jamás olvides con cuánto cariño deseo
    "Feliz todo"
        para ti.

# Un pensamiento para ti

Te mereces saber
cuán especial tú eres.
Tú... entre todos...
deberías tener el privilegio
de saber y sentir
que una vida que te tenga a ti
es tanto más grata.

Si bien estas palabras
no se comparten tan a menudo
como yo quisiera,
me gustaría que supieras
— hoy y siempre —
que son pocas las personas
de este mundo
que puedan tal vez compararse
contigo.

## La suma de mis bendiciones

Eres muy importante para mí.

Tú inspiras en mi alma
las sonrisas más gratas...
aquellas que provienen de
recuerdos compartidos,
sentimientos entrañables y
la dicha que los ampara.

Ni siquiera puedo contar
todas las veces que
el pensar en ti
iluminó mi día,
me recordó mis bendiciones,
y me ayudó por mi senda.
De tanto en tanto quedamente digo
"gracias" dentro de mi corazón.

Y si lo pudieras escuchar,
oirías que digo por siempre
"gracias"... a ti.

## Quizás puedas hacerme
## este favor especial...

Cuando estemos separados,
consérvame presente en tu corazón
    y en tu mente.

De vez en cuando cierra tus ojos en silencio
e imagina que estoy aquí, sonriendo y recordando
    tantas cosas gratas de ti.

Porque he pasado tantos momentos
    en silencio
pensando en lo mucho que te extraño,
    en lo difícil que es la ausencia,

    y en lo maravilloso que es
        tenerte siempre a mi lado,
            aquí en mi corazón.

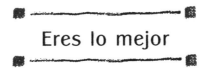

# Eres lo mejor

Tus talentos maravillosos dejaron
en mí una impresión duradera y una
   admiración para toda la vida.

Es tanto lo que me das, y tanta mi gratitud.

Tu sabiduría va más allá de
tus palabras, tu dulzura trasciende
tu sonrisa y tu corazón es
   de oro puro.

Te tomas el tiempo de escuchar mis pensamientos
más profundos, mis sentimientos y mis temores.

Supiste secar lágrimas que nadie más veía,
ayudarme a encontrar la dicha,
   y me enseñaste que en verdad puedo
      convertir algunos de mis sueños en realidad.

Eres muy importante para mí.
E intentaré decirte porqué...

Tú y yo compartimos tantas de las cosas buenas de la vida.
Como por ejemplo... tantas experiencias
   Que solo tú y yo conocimos.
Y tantos sentimientos y emociones
   que solo tú y yo conocemos.

Entre tú y yo, los momentos comunes se vuelven extraordinarios
y las charlas sencillas se vuelven conversaciones sinceras
   y confiables. Entre tú y yo, es tanto lo que comprendemos.
Tanto es como todo debe ser... y más.

La risa surge natural y fácil. Se comparten los sentimientos.
Los momentos difíciles se suavizan. Y cuanto más yo pienso
   en ti, más aprecio tus condiciones.
A solas, o hablando contigo por teléfono,
   o si salimos a dar una vuelta,
sé cuánto cariño nos tenemos... y atesoro la
   seguridad de que siempre así será.

# Gracias por estos sentimientos

Por traerme la dicha
como un don envuelto
que puedo abrir cada día
...mi gratitud para contigo.

Por escuchar las palabras
que quiero pronunciar
...mi apreciación para contigo.

Por permitirme compartir
lo más personal de mi mundo,
y por darme la bienvenida
con tus ojos
...mi deuda para contigo.

Por ser una persona maravillosa,
dulce y generosa
...mi admiración para contigo.

Por ser todo lo que tú eres para mí,
y por hacerlo todo tan bellamente
...te doy las gracias...
de todo corazón.

# Pensamientos para ti

Por siempre reservaré uno de los lugares
más especiales de mi corazón
para ti.

Tú...
la única persona con quien siempre puedo hablar;
la única persona que comprende.
Tú...
por hacerme reír bajo la lluvia;
por ayudarme a llevar mi carga.
Tú...
por quererme a pesar de mi persona,
y por saber ayudarme
a volver a incorporarme.
Tú...
por darme a alguien en quien creer;
alguien que sabe decirme que
realmente hay bondad
y ternura
y risa y amor
en el mundo.
Tú...
por ser una de las mejores
partes de mi vida y por demostrármelo
una y otra vez.

Todos necesitamos
a alguien como tú...

Todos necesitamos a alguien por siempre
a nuestro lado y con cariño.
Todos necesitamos a alguien que esté
al alcance de una caricia, una tarjeta o una llamada;
alguien con quien compartir
todo lo que tenemos en el corazón
    o simplemente hablar del día
como sólo podemos tú y yo.

Todos necesitamos a alguien que nos aliente;
que crea en nosotros; que nos de una palmadita
en la espalda cuando nos lo merecemos,
y un hombro para apoyarnos cuando lo necesitemos.
Todos necesitamos a alguien que nos recuerde que
sigamos luchando, porque triunfaremos.

    Espero que todos tengan a alguien
        tan increíble como tú.

De vez en cuando,
me pongo a pensar
en las cosas
que desearía
   para ti...

Desearía que fueras más feliz
de lo que has sido en tu vida.
Y desearía que todo comience
a hacerse realidad para ti...
tus planes y anhelos y sueños.

Y sabes que algún día será así.
Porque todo lo que haces lo propicia.
Porque mereces alcanzar las metas
   por las que tanto luchas, y porque eres
      un ser muy especial.

Jamás habrá un día
   en que no te desee todo un universo.

Que sepas que el día de hoy es un regalo,
y que mañana será otro.
Que añadas una página significativa al
diario de cada día,
y que
"vivir feliz por siempre jamás..."
se haga realidad.

Y que por siempre siembres
las semillas de tus aspiraciones,
porque mientras sigas
creyendo en ellas,
intentarán en lo posible...
florecer para ti.

Tú eres quien me recuerda que jamás
debo perder la esperanza y que siempre debo
encontrar razón para sonreír.

¿Te sorprendería saber de cuántos pensamientos maravillosos eres tú una parte muy especial?

Pues... algo hay que espero no te sorprenda...
 ni siquiera un poquito:

Y es que te atesoro con toda mi alma.
 Y por siempre.

Y tanto me alegro de que en mi mundo
  exista la bendición
 de tu presencia.

Esto es para ti, porque tu alma tanto inspira. Es un "gracias" por tu corazón tan grande y tu mente tan abierta. Y un espíritu que en verdad amo.

Es un mensaje de gratitud a una persona increíblemente especial. Tu maravilla me inspira. Eres la primera persona que acude a mi mente cuando deseo compartir algo, eres la última persona en el universo que querría lastimar o tratar duramente. Eres un tesoro en mi vida, y te valoro de alma. Tienes una habilidad especial para reconfortarme.

Me invitas a acompañarte a los lugares a los que te llevan tus viajes... cuando sueñas, cuando te maravillas y cuando evocas...

Y me dejas saber que estás disponible para compartir mis trayectos también, con alegría.

Me encanta eso en ti. Me encanta el hecho de que me conozcas tan bien y de que yo te conozca tan bien como no podría conocer a ninguna otra persona.

Me bendicen las miles de sonrisas que hemos compartido, la risa que permanece en mi corazón, y nuestras preocupaciones que encontraron amparo en nuestro cariño. En verdad no sé qué haría... si me faltara la bondad que tú brindas a mi vida.

Parece que siempre estoy buscando
una forma de decirte
qué persona tan maravillosa tú eres.

Pensé que quizás
este libro me ayudaría
a trasmitir unos pensamientos
que me encantaría compartir contigo...

Para mí, tú eres la definición de una
persona especial.

Creo que eres una persona fantástica.
Y excepcional y singular y encantadora.
Para mí, eres una persona
muy necesaria para mi bienestar.
De tantas maneras llenas mi vida
de dicha y de dulces sentimientos
que me llenan de gratitud y aprecio
    por tu presencia.

Podría seguir y seguir...
    pero ya me entiendes.

Creo que eres una obra de arte.

# El autor

El exitoso autor y editor Douglas Pagels ha inspirado a millones de lectores por su visión y sus antologías. No hay nadie que como él sepa tocar tantos temas profundamente personales y auténticamente universales a la vez.

Sus escritos han sido traducidos a siete idiomas debido a su atractivo global y a la inspiradora perspectiva de la vida, y sus trabajos son citados por numerosas causas justas y organizaciones caritativas.

Reside con su esposa en el estado de Colorado; sus hijos están en la escuela secundaria y en la universidad. A lo largo de los años, Doug ha dedicado mucho de su tiempo como voluntario en las aulas escolares, como entrenador de baloncesto juvenil y en pos de medidas de protección del medio ambiente. Viajero frecuente y hábil artesano, construyó una cabaña en las Montañas Rocosas.